# PROSPECTUS

*Pour la Construction d'un Canal de dérivation & d'arrosage pour la ville de Nismes & les campagnes voisines, par* ALEXANDRE DELON.

---

# PÉTITION

Du Citoyen ALEXANDRE DELON, Homme de Lettres, aux Citoyens Administrateurs du District de Nismes.

27 Vendémiaire, An 3.me de la République.

---

CITOYENS,

ALEXANDRE DELON vous expose que le 2 Mars & le 9 Avril 1789, il adressa deux Mémoires en forme de Lettres, au Conseil de la Commune de Nismes, à raison de son projet d'un canal de dérivation & d'arrosage pour cette Commune & diverses Paroisses voisines ; qu'il remet avec cette Pétition des exemplaires imprimés de ces deux Lettres, & qui se trouvent dans la collection de ses Mémoires sur le Pont du Gard, aux pages 11 & 28 de son Mémoire intitulé, *Opuscules sur le projet d'un Canal de dérivation & d'arrosage pour la ville de Nismes* ; que le 30 Avril 1789, le Conseil de la Commune de Nismes prit une Délibération par laquelle, en se conformant à l'avis des Commissaires nommés, par Délibération du 11 de ce mois, pour examiner les Mémoires présentés audit Conseil par le pétitionaire; l'Assemblée, ouï le rapport desdits Commissaires, délibéra, à l'unanimité des suffrages, que l'exécution du projet du pétitionaire ne pourroit être que très-utile à la Ville & aux Campagnes, & qu'il remet avec cette Pétition, extrait de la Délibération du 30 Avril 1789 ;

Que le 14 Août 1793, sur une Pétition présentée par le pétitionaire au Conseil-Général de la Commune de Nismes, pour demander à ladite Commune son agrément pour l'exécution de son projet d'un canal de dérivation & d'arrosage pour la ville de Nismes & les campagnes voisines en se servant des acqueducs du Pont du Gard par lui découvert ; le Conseil-Général de la Commune de Nismes renvoya le pétitionaire à se pourvoir à la Convention Nationale, à raison de son projet de conduire deux cents pouces cubes d'eau devant les casernes de cette Commune de Nismes ;

Qu'il a, en conséquence, adressé à la Convention Nationale, le 25 Frimaire dernier, une Pétition dont il remet un exemplaire imprimé, & dont il a adressé des exemplaires à plusieurs Membres de la Convention ; que le Représentant du peuple *Barailon*, dans une lettre adressée au pétitionaire, & en date de Paris, du 16 Vendémiaire courant, lui a marqué que sa demande concerne uniquement les Corps Administratifs qui régissent cette partie de la République, & que c'est au moins à eux à le proposer, & à se faire autoriser; qu'il remet extrait de la lettre du Représentant du peuple *Barailon*, & en se conformant à l'indication qu'il veut bien lui donner de la marche qu'il doit tenir, il demande qu'il vous plaise autoriser la Délibération de la Commune de Nismes, du 14 Août 1793, & se faisant obtenir de la Convention Nationale pour le pétitionaire le remboursement de six mille francs de ses avances, & une indemnité de six cents mille livres, si la Convention veut faire exécuter son projet d'un canal de dérivation & d'arrosage pour la ville de Nismes & les campagnes voisines au profit de la Nation, (1) ou bien l'autorisation de sa demande formée par sa Pétition adressée à la Convention Nationale, le 25 Frimaire dernier.

DELON, *signé*.

---

(1) *Voyez la page 19 de mon Mémoire du 18 Janvier 1790, où j'annonce que je puis faire rapporter plus de cent mille livres de rente à mon projet de canal de dérivation & d'arrosage.*

Renvoyé à la Municipalité de Nismes pour y délibérer en Conseil-Général, dans le délai de huitaine, & sa Délibération rapportée, être donné tel avis qu'il appartiendra. Fait en Directoire du District de Nismes, ce 28 Vendémiaire, de la troisième année Républicaine.

*Signés*, MADIER, Président ;
PEYRE, Secrétaire.

# PÉTITION

*Du Citoyen* ALEXANDRE DELON, *Homme de Lettres, aux Citoyens Officiers Municipaux de la Commune de Nismes.*

29 Vendémiaire, an 3 de la République.

## CITOYENS,

Par le renvoi qui vous a été fait par le District de cette Commune de Nismes, de la Pétition que je lui ai adressée, le 27 Vendémiaire courant, vous avez une troisième fois à prononcer sur ce qui a été jugé par les Délibérations du 30 Avril 1789, & du 14 Août 1793, (*vieux style*), prises par cette Commune en Conseil-Général, & comme il est très-important pour mes intérêts, & même pour ceux de la ville de Nismes, que vous rendiez ce troisième jugement qui est demandé de vous en aussi pleine connoissance de cause que l'ont été rendus les deux précédens ; j'ai crû qu'il étoit tout-à-fait convenable de remettre devant vous un extrait en forme probante du jugement qui fut rendu le 5 Janvier 1792, par quatre Commissaires de la Ville & quatre Commissaires de l'Académie de Nismes, pour l'examen des projets soumis au concours, proposé par la Délibération de cette Commune du 25 Janvier 1788, & mon Mémoire manuscrit ayant pour titre *de la restauration de l'acqueduc du Pont du Gard, ou moyen unique de procurer de l'eau à la ville de Nismes*. Je vous prie en conséquence de joindre ces deux pièces à celles qui vous ont été déjà remises, & de nommer un Rapporteur qui puisse vous faire, sur le tout, un rapport à la première assemblée d'un Conseil-Général. *Signé* DELON.

---

# DÉLIBÉRATION
## DE LA
## COMMUNE DE NISMES,

EXTRAIT des Registres de la Commune de Nismes, du 15 brumaire, an 3 de la République Française, Une & Indivisible.

*Séance Publique, du Corps Municipal, en permanence.*

---

VU la Pétition du Citoyen DELON, relative à son projet de conduire de l'eau du Gardon à

Nismes, en établissant des pompes à feu dans la rivière, près l'auberge de Lafoux, & en se servant ensuite de l'acqueduc du Pont du Gard pour la conduite de ladite eau.

LE CORPS MUNICIPAL, ouï le Citoyen MATHIEU, Agent National, a nommé les Citoyens VERDIER, Officier Municipal; PONS, Notable, & BANCAL, Directeur des Travaux Publics de la Commune, pour examiner le projet du Citoyen DELON, & en faire leur rapport.

JN. MONTAUD, faisant les fonctions de Maire.

BLACHIER, Secrétaire, *signés.*

---

# PÉTITION

## *Du Citoyen ALEXANDRE DELON, Homme de Lettres, aux Officiers Municipaux de la Commune de Nismes.*

6 Frimaire, an 3 de la République.

---

CITOYENS,

Vous avez à statuer sur le renvoi qui vous a été fait de ma Pétition adressée le 27 Vendémiaire, an trois, au District de cette Commune, & c'est dans la confiance entière que j'ai de votre zèle pour le bien de la ville de Nismes, que je demande qu'il vous plaise d'obtenir de la Convention Nationale l'autorisation des offres que je vais vous faire, & cela aux conditions suivantes.

Pour une ſomme de ſix cents mille livres, dont le payement ſera fait par le Payeur-Général du Département du Gard, je m'oblige & prend à forfait d'exécuter mon projet d'un canal de dérivation & d'arroſage pour la ville de Niſmes & les campagnes voiſines, ainſi qu'il eſt expoſé dans ma Pétition adreſſée à la Convention Nationale, le 25 Frimaire, an ſecond de la République, en y ajoutant de plus, devant la porte du pavillon des Caſernes, le plus prochain du chemin d'Uzès, un abreuvoir d'une largeur ſuffiſante pour pouvoir y abreuver ſix chevaux à la fois, & un lavoir conſtruit à l'inſtar de celui qui eſt dans le jardin des ci-devant Recolets, avec une conduite qui ira porter ſes eaux dans l'acqueduc qui eſt au-deſſous de la nouvelle ſalle de Spectacle, & la dépenſe de tous ces ouvrages ſera priſe ſur cette ſomme de ſix cents mille livres.

Je ſerai chargé de la direction & de la conduite de l'entrepriſe. Il ne me ſera rien accordé pour cet objet, mais ſi, après l'ouvrage parachevé, la dépenſe ne ſe porte point à ſix cents mille livres, le Payeur-Général du Département du Gard me comptera ce qui aura été dépenſé de moins.

Le Corps Municipal de la ville de Niſmes nommera les gens de l'art qui ſeront chargés de l'exécution de ce projet. Il fixera leur payement, & fera avec eux tous les marchés pour leurs fournitures.

Tous les payemens relatifs à l'entrepriſe ſeront faits ſur des mandats ſignés par deux Membres de la Commiſſion des Travaux Publics du Corps Municipal de la ville de Niſmes & par moi.

Après l'ouvrage parachevé, tous les mandats

qui auront ſervi au payement deſdits ouvrages, ſeront repréſentés par le Payeur-Général du Département du Gard à la Municipalité de Niſmes, qui, ſur le rapport de la Commiſſion des Travaux Publics, dans une aſſemblée du Corps Municipal, déterminera à quelle ſomme cette dépenſe a été portée.

Si la dépenſe de la conſtruction du canal de dérivation & d'arroſage pour la ville de Niſmes & les campagnes voiſines, exécuté au moyen de l'acqueduc du Pont du Gard, ſe porte au-delà de ſix cents mille livres ; je n'aurai aucun intérêt dans l'entrepriſe que la Nation ne ſoit rembourſée en capital & intérêt dudit excédent ſur les produits nets de l'entrepriſe.

Après l'exécution du canal de dérivation & d'arroſage pour la ville de Niſmes, exécuté par le moyen de l'acqueduc du Pont du Gard, ſi les eaux du Gardon ſont préſumées pouvoir ſuffire à une plus conſidérable priſe d'eau (1), il ſera

---

(1) *Les quatre Commiſſaires de la Ville & de l'Académie de Niſmes, dans le jugement qu'ils ont rendu le 5 Janvier 1792, pour l'examen du prix propoſé par la ville de Niſmes, à raiſon des eaux, en faiſant celui de mon projet, ont mis en queſtion ſi le Gardon pouvoit ſuffire à la priſe d'eau que je propoſe de faire dans cette rivière, ce qui eſt certainement bien faire l'éloge de mon projet, en ayant l'intention néanmoins d'en faire la critique, puiſque c'eſt convenir qu'on le trouve capable de mettre à ſec cette rivière pour en porter toutes les eaux à Niſmes. Le Rapporteur qui redigea ce jugement étoit un Académicien. Il eſt dépoſé, comme je l'ai déjà dit, dans les archives*

procédé à l'exécution du projet de canal d'arrosage marqué sur le plan par moi remis au numéro cinquante.

---

*du Département, & il sera imprimé avec un commentaire, dans mon grand ouvrage sur le Pont du Gard, s'il voit jamais le jour. Après un juste éloge de mon projet, & qui devoit bien lui mériter le prix du concours, on y voit les sophismes & les raisonnemens biscornus par lesquels les Commissaires ont cherché à pallier le motif secret de la reserve qu'ils ont fait du prix du concours, & qui fut, comme je l'ai appris, dans la suite, du Président du Comité, que la ville de Nismes ne pouvoit pas me donner un prix de quatre mille francs pour un projet dont je me reservois dans mes Mémoires toujours l'exécution, parce qu'il ne tiendroit qu'à moi de garder son argent en poche & de ne pas faire exécuter mon projet; comme si dans un objet d'une aussi grande importance pour mes intérêts quatre mille francs de plus ou de moins reçus par moi ou gardés en réserve par la Ville pouvoient influer en rien dans ma conduite !..... Mais disons au plus juste ce qu'il en est. Ce prix du concours fut imaginé par quelques intrigans qui vouloient m'excroquer, à la faveur de ce concours, mon projet ou partie d'icelui, & des gens en place eurent assez peu de délicatesse pour favoriser les vues de ces intrigans. Voyez mes Mémoires du 29 Juillet 1788 & du 2 Mars 1789. Qu'est-il arrivé de là ? mon projet n'a pas été exécuté comme il auroit pu l'être sans ce concours, ainsi qu'on le voit à la page 80 de mon Mémoire du 15 Juin 1788, & les usur-*

Le Payeur-Général du Département du Gard avancera en la manière susdite une somme de soixante mille livres pour cette entreprise & à laquelle j'évalue que pourra se porter cette dépense.

Les revenus de ce canal d'arrosage seront portés dans la masse commune des profits de l'entreprise. Il sera prélevé l'intérêt à cinq pour cent de soixante mille livres sur lesdits profits, & dans le cas que cette dépense se porte au-delà de soixante mille livres, je n'aurai aucun intérêt dans l'entreprise du canal désigné par le numéro cinquante, que la Nation n'ait été remboursée en capital & intérêt du surplus de ses avances sur les produits nets dudit canal, désigné au numéro cinquante.

De concert avec les Municipalités dont les territoires pourront être arrosés, il sera procédé par le Corps Municipal de la ville de Nismes à un tarif de ce qui sera payé pour chaque salmée de terre qui sera arrosée, & pour chaque machine mécanique qui pourra être construite sur l'acqueduc Romain.

Le produit de ce tarif formera les revenus de l'entreprise. Le Corps Municipal de la ville de Nismes, en se concertant avec les Muncipalités

---

*pateurs & les intrigans n'en ont pas su davantage ; car j'ai bien, en mettant forcement mon projet au concours, montré la serrure qu'il faut ouvrir pour pénétrer dans le secret de mon projet ; mais j'ai toujours eu, & j'aurai toujours le soin d'en garder la clef dans la poche, & l'on n'en saura pas davantage qu'après que j'aurai fait une heureuse exécution de mon projet.*

voiſines deſdits canaux d'arroſage fera les règlemens qui ſeront trouvés convenables. Les contrevenans auxdits règlemens ſeront pourſuivis devant les tribunaux, à la diligence de l'Agent National de la Commune de Niſmes.

Chaque année tous les produits de l'entrepriſe ſeront mis en maſſe, & il en ſera prélevé l'intérêt à cinq pour cent de ſix cents mille livres pour les avances du canal de dérivation & d'arroſage pour la ville de Niſmes, & de ſoixante mille livres ſi l'exécution du projet de canal marqué ſur le plan, numéro cinquante, a lieu ; les frais de régie, d'adminiſtration, les dépenſes annuelles & accidentelles, & les produits nets ſeront partagés, une part reſtera dans les coffres de la Nation & l'autre partie m'appartiendra, ainſi qu'à mes héritiers, ſucceſſeurs, biens tenants ou ayant cauſe, & me ſera délivrée dès auſſitôt que les comptes de recette & de dépenſe auront été clôturés par la commiſſion des Travaux Publics du Corps Municipal de la ville de Niſmes.

Le Payeur-Général du Département du Gard, ſera chargé de la régie deſdits canaux de dérivation & d'arroſage, il ſera tenu d'avoir deux regiſtres, l'un de dépenſe & l'autre de recette. Il lui ſera accordé par le Corps Municipal de la ville de Niſmes, à cet effet, des honoraires qui ſeront pris ſur les produits de l'entrepriſe, ainſi que le payement de ſes commis.

Subſidiairement & dans le cas que vous trouviez quelque difficulté à ce que mon projet s'exécute pour le profit de la Nation, ainſi que je viens de vous le propoſer, je demande qu'il vous plaiſe obtenir pour moi de la Convention, ſi elle veut faire exécuter mon projet uniquement au profit de la Nation, & ſans partage en ma faveur de ses produits ; un remboursement de six mille francs de mes frais & une indemnité de six cents mille livres pour la perte de la propriété de mon projet, ou si vous l'aimez mieux je vous prie d'obtenir pour moi la permission pure & simple de son exécution par une souscription, comme je l'ai demandé par ma Pétition du 25 Frimaire dernier, adressée à la Convention.

*Signé* DELON.

---

*Observations sur cette Pétition.*

Il résulte des lettres du Citoyen *Barailon*, Représentant du Peuple, qui sont en date du 16 Vendémiaire & du 3 Brumaire, an troisième, & que j'ai mis sous les yeux du Corps Municipal, que c'est aux Autorités Constituées à exposer leurs besoins.

La ville de Nismes a déjà exposé le besoin qu'elle a d'une plus grande quantité d'eau que celle que lui fournit sa Fontaine, par sa Délibération du 25 Janvier 1788, par laquelle elle a fixé un prix de quatre mille francs pour celui qui lui indiqueroit le moyen de s'en procurer.

Elle a reconnu la très-grande utilité de mon projet de canal de dérivation & d'arrosage pour cette Commune & les campagnes voisines par sa Délibération du 30 Avril 1789 ;

Elle a donné son consentement à l'exécution de mon projet par sa Délibération du 14 Août 1793, par laquelle elle m'a renvoyé devant la Convention Nationale pour obtenir d'elle la permission de l'exécution de mon projet.

J'ai adressé en conséquence à la Convention Nationale ma Pétition du 25 Frimaire, an second de la République ; mais ce n'est pas assez qu'un particulier donne par un tel acte une preuve de son zèle & de son patriotisme, il est encore nécessaire pour me servir des expressions de la lettre dernière du Citoyen *Barailon*, que sa Commune ne garde pas le silence.

Le devis estimatif de mon projet pour faire monter l'eau du Gardon dans l'acqueduc du Pont du Gard à vingt-quatre toises de hauteur au-dessus du niveau de la rivière, est imprimé aux pages 2 & 3 de mon Mémoire du 18 juin 1791 ; le devis estimatif du surplus de mon projet est imprimé aux pages 15, 16 & 17 de mes observations qui sont à la suite de ma Pétition à la Convention Nationale, du 25 Frimaire, an second de la République. Je remets avec cette Pétition une collection complète de mes Mémoires sur le Pont du Gard, & un plan figuratif de l'acqueduc qui passoit sur ce Pont pour porter à Nismes les eaux des fontaines Deure & Dairan, & dans ce plan, on y trouvera ma prise d'eau sur les bords du Gardon, auprès de l'Auberge de Lafoux.

Pour engager le Conseil-Général de la Commune de Nismes à se conformer à mes demandes, je le prie de considérer que la ville de Nismes n'a rien de mieux à désirer que de voir la Convention venir à son secours pour lui procurer de l'eau qui lui manque pour tant d'objets différens, &, que mon offre d'abandonner à la Nation l'exécution de mon projet est toute à la faveur de la Ville, qui déjà dans le préambule de sa Délibération du 25 jauvier 1788, a déclaré n'être pas en état de faire de grandes dépenses pour s'en procurer.

Il eſt donc expédient pour elle que les travaux qu'il y a à faire ſe faſſent aux dépens de la Nation, & mon offre d'abandonner à la Nation l'exécution de mon projet eſt d'une manière indirecte, mais très-réelle, un abandon fait en faveur de la Ville, puiſque les travaux de la Nation ſe feront pour la ville de Niſmes & en grande partie dans le ſein de ſon territoire.

La demande de ſix mille francs du rembourſement de mes frais eſt ſi peu de choſe, qu'à l'inſpection ſeulement de mes Mémoires, on peut juger que leur impreſſion doit me coûter mille écus.

Quant à la demande de mon indemnité pour la perte de mon projet & ſon abandon en faveur de la Nation, ou pour mieux dire en faveur de la ville de Niſmes, je laiſſe le ſoin au Conſeil-Général de la Commune de la fixer ainſi qu'il le jugera convenable. Je prie à cet égard, toutefois le Conſeil-Général, pour le porter à ſe rapprocher de la ſomme que j'ai demandée dans ma Pétition adreſſée au Diſtrict, de vouloir bien obſerver qu'il eſt d'uſage, quant il ſe fait une entrepriſe par ſouſcription, que les Actionnaires accordent à l'Auteur du projet, autant d'actions franches & non payantes qu'il y a d'actions réelles pour former la ſouſcription. Or, pouvant prouver, comme je le dis dans la note qui eſt au bas de ma Pétition, que je puis faire rapporter, rien que par l'arroſage des terres à mon projet, cent vingt mille livres de rente (1); ſi l'on déduit la

---

(1) *Je n'ai appliqué pour trouver cette ſomme les calculs que j'ai prié le Citoyen* Bancal, *de me faire ſuivant les règles de ſon art, qu'à une*

moitié de cette somme pour l'intérêt de la mise de fonds, pour les frais de régie, d'administration, de dépenses annuelles & accidentelles,

---

*salmée de terrein qui peut être arrosée de droite & de gauche tout le long de l'acqueduc, depuis Launiac jusques à Nismes. On conçoit aisément qu'on peut multiplier les salmées de terrein qui pourroient être arrosées à l'aide des rigoles pratiquées dans les champs. Le canal d'arrosage qui peut être établi dans le terroir de Sargnac, & qui est marqué dans le plan, numéro 50, n'est entré pour rien dans ces calculs. De plus les Romains étoient dans l'usage de donner à l'eau qui couroit dans leurs acqueducs, une vitesse égale à celle du cours ordinaire des rivières.* Belidor *demande pour pouvoir établir des moulins à bled sur des bateaux, que pour suppléer à la lenteur d'une rivière à l'aide des rouets & des lanternes, on acquière une vitesse de vingt toises par minute. L'acqueduc que je veux déblayer, quand il sera alimenté par deux cent cinquante-deux pieds cubes d'eau par minute, suivant le devis estimatif du Citoyen* Ramus, *Ingénieur, aura dans son cours une pareille vitesse. Je pourrai donc établir sur cet acqueduc par-tout où sa voute est à fleur de terre, ce qui est presque tel par-tout, depuis la métairie d'Altairac à Nismes, & quasi presque par-tout aussi, depuis le premier lieu jusques à l'étang de Launiac, je pourrai, dis-je, établir sur cet acqueduc des moulins à bled, des moulins à huiles, des foulons, & en un mot tout ce que l'art ingénieux des Hollandois a pu inventer pour multiplier les forces à l'aide du courant* après avoir prélevé pour ces objets sur les cent vingt mille livres lesdits soixante mille francs, il restera soixante mille francs à partager entre les actions franches & les actions payantes, ce qui fait bien, d'après l'usage commun, ci-dessus rapporté, trente mille livres de rente qui me reviendroient en qualité d'Auteur du projet de canal en question. Mais en faveur de la Ville je suis prêt à faire le sacrifice que le Corps Municipal trouvera convenable, & je m'en rapporte à cet égard à sa loyauté.

Après avoir donné ainsi à la ville de Nismes une preuve de mon amour patriotique, je prie le Conseil-Général de vouloir bien considérer que l'article premier du titre premier de la loi du 3 août 1790 (*vieux style*), porte que la Nation doit payer aux Citoyens le prix des sacrifices qu'ils ont fait à l'utilité publique.

Que l'article troisième du même titre de la même loi, porte que les sacrifices dont la Nation doit payer le prix, sont ceux qui naissent des dépenses qu'on a faites pour lui procurer un avantage réel & constaté.

Que mon projet d'un canal de dérivation & d'arrosage pour la ville de Nismes & les campagnes voisines, a déjà été reconnu devoir être très-utile dans son exécution, par une Délibération prise en Conseil-Général par cette Commune, le 30 avril 1789.

Que la demande que j'ai formée de six mille francs que j'accuse avoir dépensé pour divers

---

*des eaux. Qui pourroit calculer les produits immenses de cette seconde branche des produits de mon projet ?..........*

objets

objets relatifs à la formation dudit projet est tout-à-fait dans l'espèce de la loi ci-dessus citée.

Que l'offre que je fais d'abandonner à la Nation l'exécution de mon projet, moyennant un juste dédommagement qui me sera accordé, est capable d'assurer à la ville de Nismes & aux campagnes voisines l'exécution d'un projet dont la très-grande utilité a été reconnue à l'unanimité des suffrages par la Délibération de cette Commune du 30 avril 1789.

D'après toutes ces observations il me paroît juste que le Conseil-Général pense qu'il doit m'être accordé un remboursement de six mille livres pour l'avance de mes frais, & une somme telle qu'il arbitrera pour me tenir lieu d'indemnité à raison de l'abandon que je fais à la Nation de l'exécution de mon projet de canal de dérivation & d'arrosage pour la ville de Nismes & les campagnes voisines, à la charge toutefois par moi de l'obligation de diriger les travaux dudit canal lors de son exécution ; il me paroît convenable également que le Conseil-Général arrête qu'extrait de sa Délibération me sera délivré pour en faire l'envoi à la Convention Nationale, à l'effet d'en obtenir les objets de mes demandes, & pour la ville de Nismes & les campagnes voisines, l'exécution de mon projet aux frais de la Nation.

Je n'ai pas formé ce projet dans des vues d'intérêts pécuniaires. Mes Considérations sur les moyens de procurer de l'eau à la ville de Nismes, qui sont mon premier Mémoire sur la restauration de l'acqueduc du Pont du Gard, sont l'ouvrage, comme je l'ai déjà dit, d'un Citoyen uniquement occupé du bien de son pays.

Quel intérêt pécuniaire ai-je pu mettre à faire des raisonnemens très-justes dans la petite lettre qui est imprimée à la suite de ces Considérations, pour déterminer pour quel usage les Romains ont pu avoir construit la Touremagne ?..... Tous ces Mémoires sur le Pont du Gard, je les ai fait avec autant de facilité & de désintéressement, que je fais une pièce de vers, un morceau d'histoire, une comédie, un discours académique, ouvrages de mon loisir & de mon amusement qui ne m'ont jamais rapporté aucun argent, & que j'ai toujours fait imprimer à mes dépens pour les remettre au même prix qu'ils me coûtoient chez l'Imprimeur, à un Libraire plus curieux de ses intérêts que de ma gloire d'Auteur (1). Je ne suis pas avide d'argent, & je

(1) *J'ai fait un discours sur cette question, quelle a été l'influence de* Boileau *dans la littérature Française, sujet du prix proposé en* 1783, *par l'Académie de Nismes. J'ai été instruit que le Libraire à qui je remis près de* 500 *exemplaires de ce discours au prix que l'édition m'avoit coûté chez l'Imprimeur, pour avoir une pacotille à faire passer en Amérique & pour faire sa cour à l'Académie de Nismes, qui se trouvoit un peu honteuse d'avoir présumé une grande influence dans* Boileau *sur la littérature Française, & que je réduis dans mon Discours à zero ; ce Libraire a fait passer toute l'édition de mon ouvrage, sur cet Auteur, dans les Isles, ce qui fait que mon Discours est peu connu, & ce qui me mettra dans le cas d'en faire une autre édition, estimant cet ouvrage fort bien écrit, très-bien pensé & capable d'être fort utile aux jeunes gens qui commencent leurs études.*

connois tout le prix de cette *auream mediocritatem*, qui eſt tant vantée par *Horace* ; mais j'eſtime qu'il eſt beau par les talens de l'eſprit de parvenir à une grande richeſſe. C'eſt-là la gloire la plus ſolide du Négociant, & c'eſt ce qu'on voit trop ſouvent négliger aux gens de lettres. D'ailleurs quand l'exécution de mon projet eſt faite pour devenir, pour mes ſouſcripteurs ou pour le gouvernement, un très-vaſte objet de ſpéculations de commerce, en faiſant la fortune de plus de douze mille familles ſeulement de la ville de Niſmes, je croirois qu'on regarderoit avec juſte raiſon comme une gaucherie de ma part de n'avoir pas ſu faire la mienne, & c'eſt avec vérité que dans mon diſcours ſur les confeſſions de *Jean-Jacques Rouſſeau*, mon maître, j'ai fait remarquer que ſon trop grand déſintéreſſement fut même un obſtacle à ſa philoſophie. Avec bien plus d'habilité que lui pour faire ſon bonheur, *Voltaire* par ſon ſpéculation ſur la loterie de Paris, dont il gagna le fonds en 1729, en grande partie, ſu parvenir à faire une grande fortune. Ainſi qu'on ne ſoit pas étonné ſi malgré mon déſintéreſſement bien connu, je défends les intérêts de mon entrepriſe avec zèle.

J'aurois pu ſans doute me diſpenſer de joindre à cette Pétition un plan figuratif de la marche de l'acqueduc du Pont du Gard. En effet, il peut paroître aſſez inutile de s'occuper de la marche d'un acqueduc ancien & dont le nivellement ne peut être fautif, puiſque pendant pluſieurs ſiècles les eaux qui ont paſſé ſur ſes bords, y ont laiſſé par-tout des incruſtations de plus de deux doigts d'épaiſſeur & de près de trois pieds de hauteur ; d'ailleurs il doit ſuffire de jeter les yeux sur la page 17 de mon Mémoire sur l'usage que l'on peut faire de l'acqueduc Romain nouvellement découvert, pour y voir que j'y jalonne l'acqueduc antique du Pont du Gard, d'une manière très-suffisante pour en marquer la route. Et d'après cela il pourroit paroître superflu de mettre sous les yeux du public un plan figuratif d'un acqueduc que je veux déblayer, qui est dans les entrailles de la terre, qu'il faudroit être taupe pour suivre dans tout ses détours, & que je désigne suffisamment dans l'attestation qui m'a été accordée par les Consuls de la ville de Nismes, & qui est imprimée à la page 17 du mémoire ci-devant cité. Je travaille sur l'ouvrage des Romains. La bonté de leur nivellement ne peut être douteuse, puisque dans l'attestation qui me fut accordée le 6 février 1788, & qui est imprimée à la page 6 de mon Mémoire sur l'excellence de mon projet de canal de dérivation, il est établi par le Citoyen *Bancal*, Directeur des travaux publics de la ville de Nismes, que l'acqueduc que je veux déblayer, quand il arrivoit dans la fontaine de la ville de Nismes, sur la largeur de deux pieds quatre pouces, avoit toujours quatre pieds de hauteur plein d'eau, & qu'il versoit dans le bassin de la fontaine de Nismes 1120 pieds cubes d'eau par minute (1), d'après le calcul que j'ai prié le citoyen

---

(1) *A la page* 14 *de mon Mémoire du* 18 *Juin* 1791, *il faut* 1120 *pieds cubes d'eau, au lieu de* 1040 *pieds cubes. Je n'avois pas sous les yeux les opérations du Citoyen* Bancal, *quand je fis imprimer ce Mémoire du* 18 *Juin* 1791.

*Bancal* d'en faire, ſuivant les règles de ſon art; mais on ne doit pas être ſurpris que des hommes, les uns par mauvaiſe foi, d'autres à mauvaiſes intentions & le plus grand nombre faute de réflexion, & de connoître ce de quoi ils parlent, exigent des choſes auſſi inutiles que celles d'un tel plan figuratif. C'eſt pour leur fermer la bouche en faiſant ce qu'ils croyoient même impoſſible de faire, que j'ai fait graver le plan qui eſt joint à cette pétition. Si je fais de plus jamais paroître mon grand ouvrage ſur le Pont du Gard, on fera aiſément l'application de l'épigraphe que j'ai miſe à la tête de cet ouvrage, qui étant tirée de la IVme Partie des Mémoires du Baron de Tott ſur les Turcs & ſur les Tartares, eſt ainſi conçue: *On ne peut jeter les yeux ſur l'étendue & la magnificence des ruines d'Alexandrie, ſans apercevoir que les plus grands moyens n'ont de valeur que dans la proportion du ſiècle qui les emploie, & du génie des hommes placés pour les employer.*

Si ces réflexions auroient pu me diſpenſer de remettre aucun plan figuratif des lieux, elles ſont très-pertinentes & très-admiſſibles pour me diſpenſer de remettre un plan géométrique des lieux, qui m'auroit coûté plus de mille écus, ſans aucune néceſſité.

Les devis eſtimatifs qui ſont imprimés dans mes précédens Mémoires, ont été fait dans tous leurs détails par des gens habiles de l'art. Vouloir exiger de moi que je fis la remiſe de ces détails, ce ſeroit vouloir exiger que je mis dans les mains de quelqu'un la pièce indiſpenſable pour qu'on pût exécuter mon projet ſans moi: & je ſuis ſi fort éloigné de cela faire, que je déclare que j'ai livré aux flammes tous les objets de détail de mon projet, afin que tout périsse avec moi, si je ne dois pas exécuter mon projet, & afin qu'il ne puisse pas être dit de moi :

Sic vos non vobis mellificatis apes.

Les conditions auxquelles je propose de faire exécuter mon projet au profit de la nation, doivent suffisamment faire connoître combien je suis certain que son exécution ne doit pas excéder une somme de six cents mille livres, qui est certainement une somme bien modique pour un si grand œuvre.

Je soutiens que l'acqueduc du Pont du Gard est dans son entier, ou du moins avec son fond & ses murs latéraux, depuis le cimetière qui est situé près le chemin de Nismes à Uzès, où il a sa voûte entière & taillé dans le tuf, jusques au vallon des escaunes, situé dans le terroir de Sargnac, à trois lieues de Nismes. Depuis le vallon des escaunes jusqu'au dessous de l'Eglise de Saint-Bonnet, & où commence le nouvel acqueduc à construire pour aller faire la prise d'eau dans le Gardon près l'auberge de Lafoux, l'acqueduc est taillé dans le rocher & fort bien conservé. Dans la vigne du Citoyen *Denis*, il a été dégradé dans un de ses murs latéraux, dans l'étendue de près de cent pas, & pour que l'on puisse connoître que des gens de l'art, qui sont entrés dans le détail, n'ont fait un devis estimatif, que d'après des fouilles multipliées & le bon état dans lequel ils ont trouvé l'acqueduc ; & pour donner un nouveau degré de force à ces observations, je vais mettre sous les yeux de mon Lecteur la pièce suivante.

## *Attestation du Citoyen DELISLE, Ingénieur.*

JE soussigné certifie que dans le mois de Décembre 1790, me trouvant à Sargnac pour lever le plan, & faire le devis estimatif des ouvrages sur le Gardon, que le Département y a ordonné ; M.r *Delon*, ancien Conseiller au ci-devant Présidial de la Ville de Nismes, qui m'avoit précédemment communiqué ses Mémoires sur l'acqueduc du Pont du Gard, se fit un plaisir de me conduire dans le valon des Escaunes, terroir de Sargnac, où il me fit visiter cet acqueduc du Pont du Gard, & que j'ai trouvé tel que M.r *Delon* le décrit dans la page 9 de ses Considérations sur les moyens de procurer de l'eau à la ville de Nismes, & dans la page 24 de son Mémoire sur l'usage que l'on peut faire de l'acqueduc romain nouvellement découvert près la ville de Nismes ; que de plus M.r *Delon*, en suivant toujours l'acqueduc du Pont du Gard, me conduisit du vallon des Escaunes, terroir de Sargnac, fort avant dans le terroir de Saint-Bonnet ; que dans le trajet M.r *Delon* me fit remarquer, à diverses fois, l'acqueduc romain toujours taillé dans le rocher, ce qui nous assura du bon état dans lequel il s'étoit conservé, & qu'étant arrivés dans une vigne située sur une montagne au bas de laquelle est le chemin qui va de St-Bonnet au quartier appelé les Soubeirannes, M.r *Delon* me fit voir, à découvert, les murs latéraux de l'acqueduc romain dans un endroit où il l'avoit fait déblayer, & où je trouvai sur lesdits murs latéraux une incrustation d'un pouce d'épaisseur formée par le dépôt des eaux qui ont passé dans cet acqueduc, ladite incrustation s'élevant à plus de deux pieds au dessus du fond de l'acqueduc, qui, dans cet endroit, a trois pieds six pouces de large, ce qui nous prouva, & la grande quantité d'eau qui passoit dans cet acqueduc, & le long-temps qu'elles ont dû y passer pour faire un tel dépôt sur lesdits murs latéraux; qu'à la vue du bon état de cet acqueduc je fus du même sentiment que M.r *Delon*, que la restauration de l'acqueduc dans toute cette contrée, seroit de peu de dépense, vu l'immensité de l'objet; en foi de quoi j'ai donné audit M.r *Delon* le présent Certificat pour valoir & servir ainsi qu'il appartiendra. Fait à Beaucaire, le second Février 1791.

*Signé* DELISLE, Ingénieur.

Quand, sous l'ancien régime, les Communes avoient des domaines & des propriétés, que les anciens Consuls ayent pu faire tout ce que l'on voit dans la collection de mes mémoires, qu'ils ont fait pour approprier à la ville de Nismes mon projet, à cet époque tout cela avoit un objet; mais aujourd'hui que les Communes n'ont plus rien en propre, & que tout appartient à la Nation, de pareils motifs doivent disparoître, & la conduite des Officiers Municipaux ne doit plus être la même que celle des anciens Consuls. Au reste, si la Convention Nationale pouvoit consentir que mon projet s'exécutât pour les intérêts propres & privés de la Commune de Nismes, j'offre de le faire exécuter pour elle aux mêmes conditions que j'offre de le faire exécuter pour le profit de la Nation.

Le moyen d'exécution de mon projet est un des plus puissans qu'il y ait dans la nature. Celui qui le premier appliqua la machine à feu à la mouture des grains eut une idée très-heureuse, & si l'établissement en ce genre que l'on voit dans la ville de Nismes avoit été porté à sa fin, j'avois destiné pour être placé entre la pompe à feu existante & celle qu'il reste à construire à la seconde aîle du bâtiment, le quatrain suivant :

> Le génie en ce lieu, maître des élémens,
> Par l'eau, l'air & le feu moud les fruits de la terre ;
> *Uranie* & *Cérès* par cet art salutaire,
> Unissent leurs travaux pour offrir leurs présens.

La défectuosité de la machine à feu qui a été fournie pour cet établissement & ses fréquens besoins d'être réparée, ont néanmoins donné dans ce pays une idée de cette superbe invention tout autre qu'il faut en avoir, quoique depuis qu'en 1790 le Citoyen *Ramus* l'a réparée & quasi construite tout à neuf, elle ait acquis une parfaite régularité & que sans aucun dérangement elle ait rendu de grands services à la ville de Nismes, toutes les fois que la sécheresse de la saison & que le manque d'eau dans les autres moulins ont rendu cet établissement utile.

Ce n'est point par cette machine d'abord si imparfaite qu'il faut juger l'invention de la machine à feu, l'exactitude de son service & toute sa puissance. Pour bien connoître les effets de cette machine, il faut examiner ce qu'elle produit à Paris, dans l'établissement des frères *Perrier*, où elle fournit d'eau à une grande partie de la Ville ; il faut en juger par ce qu'elle produit à la fonderie du Cruzot, où elle épuiſe les eaux des mines, & préſerve d'être enſevelis dans ces gouffres pluſieurs centaines d'ouvriers qui ſeroient étouffés par les eaux, ſi les machines à feu ſuſpendoient leurs jeux ſeulement quelques minutes ; il faut apprécier le ſervice de la machine à feu par ce qu'elle eſt capable de faire en Angleterre où des canaux de navigation ſont alimentés par des pompes à feu qui puiſent l'eau dans des lacs, & ce ſera ſans doute une des belles choſes qu'il y ait en Europe de voir, par mon projet, la machine à feu puiſer dans le Gardon, près de Lafoux, deux cents cinquante-deux pieds cubes d'eau par minute, les élever à 24 toiſes de hauteur au deſſus du niveau des eaux de cette rivière pour les porter dans la branche d'acqueduc de nouvelle conſtruction, & aller utiliſer par elle depuis St-Bonnet juſques à Niſmes cinq lieues d'acqueducs tout faits, & preſque dans leur entier tels qu'ils ſont ſortis des mains des Romains ; de voir l'eau du Gardon, à la grande ſurpriſe des habitans de St-Bonnet, de Sargnac, & de tous les villages voiſins du bord de l'acqueduc, venir doubler par ſa fertilité la valeur de leurs champs ; à l'aide des timpans, des roues à gaudets de l'inventiou du citoyen *Lafaye*, qui auront leurs axes établies ſur les murs latéraux, qui ſeront miſes en mouvement par le courant, devoir une partie de cette eau ſortir du fond de l'acqueduc, & par des rigoles ménagées avec économie ſe porter au plus loin dans les terres ; de voir depuis l'étang de Launiac juſqu'aux portes de Niſmes, l'acqueduc couvert de bâtimens pour renfermer les diverſes machines que l'art des hommes a pu inventer, & que la force de l'eau qui courra dans l'acqueduc, pourra faire mouvoir; de voir cette même eau devant le pavillon des casernes, après avoir servi à l'abreuvage des bestiaux, se diviser en deux branches dans son reservoir, & servir d'un côté au lavage du linge, & de l'autre au lavage de la teinture; de voir cette eau, après s'être réunie avec les eaux de la fontaine, sous l'acqueduc qui est sous la salle nouvelle de spectacle, se porter dans un vaste bassin construit au dessous de l'esplanade de Nismes, & de-là de voir cette même eau aller, par le canal de navigation du citoyen *Blacher*, de Nismes à Aigues-mortes, se perdre dans l'étang de Movio! . . . je vois déjà tout cela par les yeux de l'imagination, & je souhaite que l'intérêt qu'un aussi beau spectacle est propre à inspirer, puisse porter les Magistrats, qui sont préposés pour faire le bonheur du peuple, à prendre en grande considération ce tableau.

Il faut bien croire, puisqu'on l'assure, que les seules eaux de la Fontaine de Nismes sont suffisantes pour la formation d'un canal de navigation de Nismes à Aigues-mortes, & capables de subvenir à la descente des bâteaux & surtout à leur remonte, depuis le grand Vistre, à plus d'une lieue de Nismes, jusques au bassin situé au-dessous de son Esplanade; mais s'il étoit permis d'en douter, comme je l'ai déjà fait aux pages 20 & suivantes, de mon Mémoire du 18 Janvier 1790, il y a lieu de dire aujourd'hui qu'à la faveur de l'exécution de mon projet de prendre les eaux du Gardon au-dessous de l'auberge de Lafoux, il n'y a plus aucun doute que le projetde former un canal de navigation pour la ville de Nismes ne soit bien susceptible d'exécution.

A l'aide de mon plan figuratif on doit voir clairement les motifs que j'ai eu de faire ma prise d'eau au-dessous de l'auberge de Lafoux plutôt qu'au Pont du Gard, comme j'en avois eu la première idée. Dans mes observations qui sont à la suite de ma Pétition, du 25 Frimaire, à la Convention, j'en ai donné quelques motifs. De plus, en prenant les eaux au-dessous de l'auberge de Lafoux, il n'y a point d'indemnité à payer aux moulins du Gardon, le canal d'arrosage pour Sargnac peut s'exécuter, les eaux de la fontaine de Saint-Bonnet très-considérables viennent à Nismes, & je puis détourner les eaux du gros ruisseau qui passe entre Remoulins & le ci-devant château de *Rabasse*, & en le faisant passer au-dessus de Remoulins pour prendre là son embouchure dans le Gardon, le faire arriver sous le piston de la première pompe à feu. Cette idée de la prise d'eau au-dessous de Lafoux, à l'embouchure des eaux de la fontaine de Saint-Bonnet dans la rivière, est ancienne. Je l'avois en vue quand je fis imprimer la note qui est à la page 3 de mes Requêtes adressées à l'ancien gouvernement, & dans le passage qui est imprimé à la fin de la page 50 de mon Mémoire, du 21 Janvier 1790.

On objecteroit vainement, pour critiquer mes moyens d'exécution, que l'entretien des machines à feu est dispendieux. Ne sait-on pas en effet que dans une spéculation la dépense ne doit être comptée pour rien, quand les produits, comme dans mon projet, s'élèvent au centuple au dessus de la dépense ? . . . Et d'ailleurs le citoyen *Delisle*, ingénieur, m'a communiqué, le 15 Fructidor dernier, un mémoire qu'il étoit prêt d'envoyer au comité des travaux publics de la Convention pour faire exécuter mon projet, de rendre le Gardon navigable depuis Comps jusqu'à Remoulins, comme je l'expose à la page 4 de mon mémoire, du 18 Juin 1791. Le citoyen *Delisle* a trouvé cette idée susceptible d'être exécutée; j'ai depuis cette dernière époque, à sa sollicitation, fait prendre des délibérations, en faveur de ce projet, aux Communes de Sargnac, de St-Bonnet & de Remoulins, les autres Communes voisines ayant promis d'en faire de même, & si le citoyen *Delisle* est chargé, par le Gouvernement, de l'exécution du projet de rendre le Gardon navigable depuis Comps jusqu'à Remoulin, les barques chargées de charbon de terre viendront aboutir à la première pompe à feu placée à l'embouchure dans le Gardon du ruisseau formé par les eaux de la fontaine de St-Bonnet. Si toutefois ce projet ne s'exécutoit pas, il n'y a qu'une lieue de Lafoux à Comps où je puis faire arriver le charbon de terre fourni par les mines du Forez & du Beaujolois, à bien meilleur compte que celui des mines d'Alais quoique plus près de Nismes.

Le projet de prendre deux cents cinquante-deux pieds cubes d'eau par minute du Gardon, pour les élever par la pompe à feu & les porter à la ville de Nismes, n'est pas un obstacle à l'exécution de celui de rendre le Gardon navigable, depuis Comps jusques à Remoulins. Le lit de la rivière, qui, depuis les moulins du ci-devant duc d'Uzès, situé un peu au-dessus de Lafoux, jusques où le Gardon a son embouchure dans le Rhône, n'est plus utile à rien, est si profondement creusé malgré la sinuosité & les changemens fréquens de ce lit que toutes les fois que le Rhône devient tant soit peu gros, les eaux de ce fleuve refluent jusques à Montfrin, situé près de demi-lieue de l'embouchure de la rivière du Gardon dans ce fleuve, & lorsque le lit du Gardon sera encaissé, toute l'impétuosité de ses eaux se portant sur le fond de cet encaissement, il y a lieu de dire qu'il seroit bien plus à craindre que tout les lieux situés sur ses bords, depuis Lafoux jusques au Rhône, ne fussent submergés par les eaux, qu'il n'est à craindre que le Gardon, après ma prise d'eau, ne manque d'eau pour le canal de sa navigation, mais l'art peut aisément pourvoir à l'inconvénient prévu par une écluse qui seroit pratiquée à l'embouchure de la rivière, si les eaux du fleuve pouvoient jamais être nuisibles à cette belle contrée, que les eaux du Gardon parcourent depuis Lafoux jusques à Comps.

On n'a pas en France généralement une assez grande idée des produits immenses que les acqueducs procuroient chez les Romains, & que l'on regarde assez communement comme des objets de luxe plutôt que comme des moyens d'assurer aux villes qui en étoient pourvues des revenus fort considérables. On voit dans *Frontin* l'usage admirable qu'ils savoient en faire. Un Auteur moderne s'est étudié à nous le décrire. Dans le chapitre cinquième de son livre troisième de l'Architecture hydraulique, *Belidor* nous dit qu'il n'y a point eu de nation qui se soit plus appliquée à la conduite des eaux que les Romains; leur magnificence n'ayant pas moins éclaté dans les ouvrages qu'ils ont fait pour ce sujet, que dans les autres monumens, dont on ne peut voir les restes sans admiration; que l'art d'amener les eaux des sources éloignées pour les conduire dans les villes qui en avoient besoin, principalement à Rome, & que la distribution qui en devoit être faite aux Citoyens, soit en public ou en particulier, étoit considérée des princes & des premiers magistrats, d'une assez grande conséquence pour mériter toute leur attention.

Que Rome ne profitoit pas seule des eaux qu'on amenoit des sources éloignées, les habitans des campagnes par où elles étoient conduites, y ayant aussi part, soit pour l'usage des maisons ou pour la fertilité du pays qu'elles arrosoient dans les endroits arides, ce qui procuroit à Rome une grande abondance de denrées; que les Romains, en établissant leur domination dans les Gaules, y ont apporté l'usage des acqueducs, comme on peut en juger par celui d'Arcueil, proche de Paris, & par le Pont du Gard, en Languedoc, qui sont des monumens de cette antiquité que personne ne dispute.

Mes observations & mes raisonnemens sur ce dernier acqueduc m'ont amené aux découvertes que j'ai consignées dans mes précédens ouvrages sur le Pont du Gard. La réflexion m'a fait connoître ensuite l'utilité, que le public pouvoit retirer de mes recherches, si je faisois tourner à son profit ce qui est enfoui dans les entrailles de la terre, depuis plus de mille ans, sans être utile à rien, & qui va donner par l'usage que je veux en faire, une nouvelle vie & une nouvelle activité au Commerce & à l'Agriculture de toute la contrée.

Si mon entreprise doit être coûteuse, ce n'étoit aussi que par de très-grands frais que les

Romains ſe procuroient les avantages qu'ils retiroient de leurs acqueducs, & leurs produits étoient, comme ils le ſeront dans mon projet, au centuple au-deſſus de la dépenſe. Si l'entretient du très-grand nombre d'officiers qui étoient propoſés à veiller à l'ordre & à la diſcipline de la conduite des eaux, nous dit *Belidor*, & ſi les réparations continuelles des acqueducs, baſſins, fontaines & châteaux d'eau devoient être d'une grande dépenſe, auſſi les revenus que l'on en tiroit dans la diſtribution qui en étoit faite, étoient-ils immenſes, chaque particulier payant un tribut proportionné à la quantité d'eau qu'on lui fourniſſoit chez lui. *Frontin* ayant fait la ſupputation des deniers que l'on prélevoit pour cela dans le temps qu'il avoit la Sur-Intendance des eaux, trouva qu'ils montoient à deux cents cinquante mille ſexterces par an, ce qui revient, d'après le calcul qui en eſt fait par *Belidor*, à ſix millions deux cents ſoixante mille livres de notre monnoie.

Ce que les Romains firent pour Rome avec tant de dépenſe & qui leur produiſoit de ſi grands revenus, je me propoſe de l'exécuter pour Niſmes & pour les campagnes voiſines, en me ſervant pour cela faire de cette conduite ſuperbe des eaux du Pont du Gard qui eſt leur ouvrage, & qui fut vraiſemblablement deſtinée par eux aux mêmes uſages que je veux l'employer. Je réunis pour exécuter mon deſſin, ce que l'art hydraulique a inventé de plus parfait depuis les Romains, & toutes les connoiſſances du dix-huitième ſiècle en mécanique, à ce que la République Romaine, après ſa deſtruction, a laiſſe dans les Gaules de plus capable de nous faire connoître ſa grandeur & ſa puiſſance.

On

On doit connoître aujourd'hui toute l'importance de mon projet. Il est lié à la navigation du Gardon, très-intéressante, depuis Comps jusqu'à Remoulins ; il doit donner les moyens d'exécuter le canal d'arrosage marqué sur mon plan, numéro cinquante ; il pourra rendre encore plus fertile ce pays fécond que l'acqueduc Romain parcourt depuis Saint-Bonnet jusqu'à Nismes ; il fera bientôt couvrir tous les environs de cette ville des plus riches manufactures ; il est l'ame qui doit donner la vie, & l'élément au canal de navigation de Nismes à Aigues-mortes, & sans l'exécution préalable de mon canal de dérivation, quoi qu'on en dise, ce canal de navigation ne pourroit jamais exister que d'une manière très-précaire, comme je l'ai déjà avancé à la page 55 de mon mémoire du 21 janvier 1790.

Tous ces rapports sous lesquels on doit envisager mon projet, me l'ont fait trouver digne d'être offert pour son exécution au Gouvernement, ou bien à la ville de Nismes. Je puis bien m'être trompé dans mes calculs relatifs à cette exécution ; car quel est l'homme qui n'est pas susceptible d'erreur ; mais si je me trompe c'est de bonne foi, & la manière dont j'offre de faire exécuter, en est une preuve bien évidente. Il est vrai que la matière que je traite est un peu obscure, & je suis assez dans la position de ce philosophe de l'antiquité à qui des curieux pour l'embarrasser, ayant demandé quel étoit le gouffre de la mer le plus profond? Sans hésiter, leur montrant de la main un certain côté, il leur dit, le voilà ; mais quinze ans de recherches, d'étude & de travail, m'ont acquis sur la marche de l'acqueduc du pont du Gard

& ſur ſon bon état, des connoiſſances peu communes, que les localités m'ont facilitées, & que le déſir de faire quelque choſe d'illuſtre ont dû porter à leur dernier degré de perfection. L'expoſé que j'en fais dans ce Proſpectus doit achever de faire connoître la ſupériorité de mes vues à celles d'un uſurpateur d'une partie de mon projet, qui en le ſoumettant au concours propoſé par la Délibération de la ville de Niſmes du 25 janvier 1788, ſe crut en droit de devenir mon rival. ( 1 )

Dans les premiers mois que mes opuſcules ſur mon projet venoient de paroître, un étranger de fort bonne mine, & que j'ai ſu du depuis par la perſonne chez laquelle il étoit logé, être un Conſeiller au ci-devant Parlement de Bourdeaux, qui voyageoit pour ſon plaiſir, & qui fit quelque ſéjour en cette ville pour en voir à loiſir les antiquités, me fit l'honneur de venir me voir pour me demander une collection de de mes Mémoires ſur le pont du Gard. Je la lui donnai avec d'autant plus de plaiſir, que je crus en faire préſent à un artiſte habile de l'art, tant je fus charmé par les connoiſſances qui me donnoient de lui une idée ſi éloignée de ſon véritable état. Il avoit lu mes Mémoires, & notre converſation roula long-temps ſur ce qui eſt contenu à la fin de celui ſur l'excellence de mon projet. Il me témoigna beaucoup ſes regrets que je n'eus pas le deſſein de porter les eaux du Gardon dans le baſſin de la fontaine de Niſmes, pour y rétablir cette magnifique

( 1 ) *Voyez ma Lettre inſérée dans le numero 14 de la Feuille Nimoiſe, du 13 avril 1792.*

chute d'eau dont je parle dans l'endroit cité. Je lui objectai que l'acqueduc Romain qui passoit au dessous du pavillon de la ville, venoit de là dans le jardin du citoyen *Rey*, & en sortoit ensuite pour suivre tout le long de la rue qui conduit au dessous de l'Hospice des ci-devant Bénédictins, avoit été détruit lors de la construction de l'acqueduc nouveau qui doit porter les eaux de la fontaine dans le jardin appelé du *Commandeur*. Il prétendit qu'à l'aide d'une palette, ou bien de quelqu'autre ressource de l'art on pourroit aisément faire en sorte que les eaux du Gardon pussent aller en contre sens du niveau de l'acqueduc actuel; je lui observai alors que par les expériences qui avoient été faites, il étoit reconnu que les eaux de la fontaine perdent beaucoup par les infiltrations dans leurs trop vastes bassins, & qu'elles ont beaucoup diminué de leur quantité étant sorties du nymphe, quand on les mesure de nouveau près du lavoir qui est voisin des murs de la ville; que de plus les Romains avoient porté les eaux d'Eure & d'Airan dans le bassin de la fontaine pour les faire servir, comme je l'expose dans l'attestation du 12 janvier 1788, à la boisson des habitans & à l'usage des bains; que les puits en grand nombre qui avoient été creusés depuis les Romains dans la ville, suffisant aux besoins pour cet objet de ses habitans, & que l'usage du linge dispensant de celui plus fréquent des bains; je croyois remplir suffisamment mon objet, si j'amenois de l'eau devant les casernes pour le lavage des lessives, des teintures & l'aliment d'un canal de navigation.

Le jugement de ses contemporains, est bien souvent pour un écrivain un heureux augure de celui de la postértié. ( 1 ) Si ces Mémoires parviennent jusqu'à elle, & que mon projet s'exécute, ils seront une preuve de ce que peut la force de la vérité présentée sans intrigue, sans cabale, sans protection aux autorités constituées, ou bien si mon projet ne s'exécute pas, ils feront une preuve de ce que peuvent l'injustice, l'envie & le crédit, pour étouffer la voix d'un citoyen zélé pour le bien public.

Si mon projet s'exécute par une souscription, je ferai à la Compagnie qui sera chargée de cette exécution les mêmes conditions que l'on voit que je propose à la Nation & à la Commune de Nismes. La souscription sera de six cents soixante mille francs. Les Souscripteurs ne pourront souscrire pour une somme moindre de mille livres. Un Comité formé par la Compagnie, de quatre Membres, à son choix, & dont je ferai le cinquième, la représentera dans cette exécution. Il me sera accordé autant d'actions franches, qu'il y aura d'actions payantes. La Compagnie nommera un Trésorier, & fixera son honoraire. De sorte qu'on peut regarder ces observations comme un véritable *Prospectus*, & le cas y échéant je n'aurai desormais qu'à faire paroître les Réglemens qui doivent former le traité qui doit me lier d'intérêt avec les Souscripteurs.

---

(1) *Voyez les pages* 11 *sur l'excélence de ce projet*, 41 *du Supplément aux opuscules sur ce projet*, *&* 3 *du Mémoire du* 18 *juin* 8791.

---

A NISMES, de l'Imprimerie Nationale du Sans-Culotte B. FARGE, Imprimeur du Département du Gard, près le Puits de la Place aux Herbes, N.° 173, an 3 de la République franç.

PLAN FIGURATIF de la marche de l'Acqueduc du Pont du Gard, remis par le Citoyen ALEXANDRE DELON, aux Citoyens VERDIER, Officier Municipal; PONS, Notable, & BANCAL Directeur des Travaux Publics de la Commune de Nismes, Commissaires nommés par Délibération du Conseil-Général de cette Commune, du 15 Brumaire, an 3.me de la République, pour l'examen du projet du Citoyen DELON, d'un Canal de dérivation & d'arrosage pour la ville de Nismes & les Campagnes voisines.

EXPLICATION

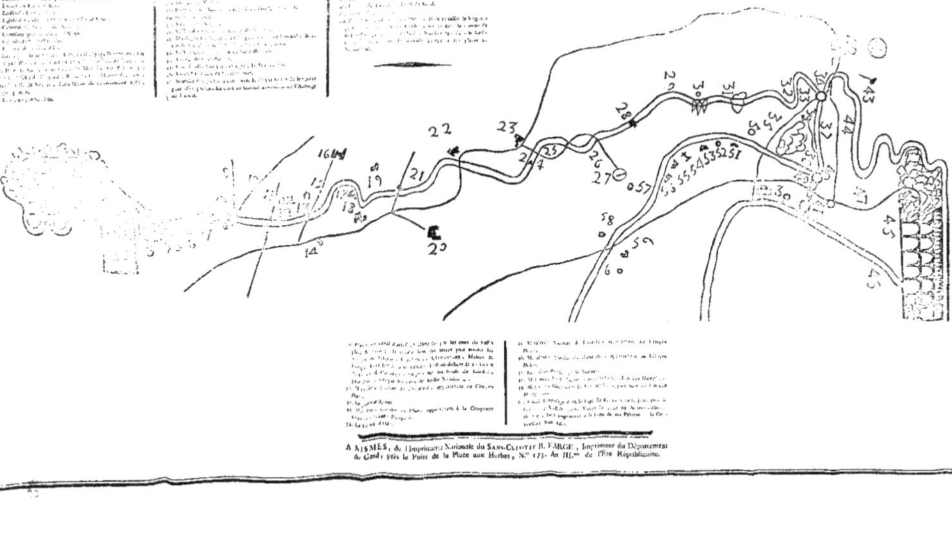

A NISMES, de l'Imprimerie Nationale du SANS-CULOTTE B. FARGE, Imprimeur du Département du Gard, près le Puits de la Place aux Herbes, N.° 173. An III.me de l'Ere Républicaine.

www.ingramcontent.com/pod-product-compliance
Lightning Source LLC
LaVergne TN
LVHW012023160826
845678LV00002B/990